AF555839

INSTRUCTION

SUR LE

FUSIL PRÉSENTÉ PAR M. LE GÉNÉRAL FAVÉ.

1866

V

INSTRUCTION

SUR LE

FUSIL PRÉSENTÉ PAR M. LE GÉNÉRAL FAVÉ.

1866

INSTRUCTION

RELATIVE AU FUSIL DU SYSTÈME FAVÉ.

DESCRIPTION DE L'ARME.

Le fusil Favé se charge par la culasse.

Canon.

Dans le canon, on distingue trois parties :

1° L'*âme, rayée,* du calibre de 10mm,5.

RAYURES.

Inclinaison de gauche à droite.
Nombre, 6, formant hexagone à pans coupés.
Profondeur uniforme de 3 millimètres.

2° La *chambre lisse,* destinée à recevoir la cartouche.

Le canon porte en saillie un *tenon de baïonnette*, un *guidon,* un *pied de hausse,* et un *tenon de recul.*

Les parties qui distinguent essentiellement ce fusil sont :

1° La *boîte,* dans laquelle se meut la *culasse mobile;*

2° La *culasse mobile,* qui contient le *percuteur,* le *pousse-cartouche* et la *platine;*

3° Le *pousse-cartouche* et le *percuteur;*

4° La *platine.*

Boite.

La boite comprend :

1° La *tête* A ;
2° Le *corps* B ;
3° La *queue* C.

La tête prend extérieurement une forme octogonale irrégulière. A l'intérieur, elle porte un écrou dont les filets rectangulaires ont deux usages différents. Ceux de la partie antérieure ne sont point interrompus et servent à visser le canon dans la boite. Les filets postérieurs sont interrompus par trois intervalles égaux aux pleins ; ils servent à visser la culasse mobile pour fermer le canon.

Le corps est évidé à sa partie supérieure par une large échancrure qui rend facile l'introduction de la cartouche. Sa partie antérieure porte, à droite et à gauche, un épaulement qui sert d'arrêt à l'embase de la poignée de la culasse mobile dans les deux positions où l'arme est ouverte et fermée.

Dans la partie supérieure de la queue, est pratiquée une fente qui est destinée à livrer passage à l'embase de la poignée quand on enlève ou qu'on met en place la culasse mobile, et qui sert encore à empêcher l'arme de s'ouvrir autrement que par la volonté du soldat. A la partie inférieure de la boîte, est une ouverture rectangulaire qui laisse passer la tête du ressort de détente. A la partie postérieure se trouve le logement de la tête de la vis qui relie la boite à l'écusson. Au-dessous de la boite s'attache, au moyen d'une vis, le ressort de détente. Cette vis pénètre jusqu'au filet du canon, qu'elle empêche de pouvoir prendre un mouvement de rotation autour de son axe. Le ressort de détente D se compose d'une lame d'acier, dont l'avant porte un renflement dans lequel est le trou de la vis qui le fixe sur la boîte; à la partie postérieure, se trouve un cadre qui reçoit la détente, puis la tête en saillie qui pénètre dans l'ouverture rectangulaire de la queue de la boîte et dans la rainure inférieure de la platine, dont elle empêche tout mouvement de rotation.

La détente E a la forme d'une équerre; la goupille d'articulation avec le ressort de détente est placée vers le sommet de l'angle droit. La branche verticale (le fusil étant horizontal) se termine par une partie courbe sur laquelle agit le doigt du tireur. La branche horizontale porte trois saillies arrondies et étagées; la plus haute est la plus proche de la goupille. Pour faire partir le coup, il suffit d'appuyer légèrement sur la partie inférieure de la détente, parce que la saillie la plus proche de la goupille entre seule en action, et que son bras de levier est très-court. Si la seconde saillie vient en contact avec la boite, elle agit pour faire arrêt, parce que, le bras de levier devenant plus long, le tireur aurait à faire un effort plus grand que le précédent pour abaisser davantage la tête du ressort.

Si l'on veut enlever la culasse mobile, il faut agir plus fortement sur la détente pour que la tête du ressort ne pénètre plus dans l'intérieur de la boîte. La troisième saillie de la détente est, auparavant, venue au contact, et elle a exigé un effort plus grand encore à cause du nouvel allongement du bras de levier.

Une action trop énergique qui serait exercée sur la détente amènerait le ressort au contact du bois.

Culasse mobile.

La culasse mobile présente une forme cylindrique. Sa partie antérieure porte extérieurement des filets interrompus qui servent à fermer le canon. La même partie porte intérieurement une chambre cylindrique F, terminée par une entretoise G qui sert d'appui et de guide au pousse-cartouche, dont elle limite les mouvements. Cette chambre est légèrement évidée par une gorge perpendiculaire à l'axe, destinée à retenir la cartouche lorsqu'elle a été renflée par l'effort de la poudre. Le pousse-cartouche occupe les espaces H, G, et une partie de l'espace F. Les espaces I, J, K, L reçoivent la platine et son ressort.

La culasse mobile porte à la partie antérieure une poignée munie d'une embase.

Plusieurs fentes et échancrures sont pratiquées dans le sens de sa longueur. La fente M est à l'opposé de la poignée; elle donne passage à la tête du ressort de détente, qui s'y loge pour permettre le mouvement longitudinal de la culasse mobile et l'empêcher de tourner autour de son axe. Elle reçoit, en outre, l'appendice du pousse-cartouche. A sa partie postérieure, elle est agrandie par l'échancrure N qui permet à la culasse mobile de faire un sixième de tour autour de son axe pour fermer le canon, lorsqu'elle est à fin de course en avant. Une seconde échancrure O est destinée à recevoir la tête de la platine; lorsque le canon est fermé, cette échancrure doit correspondre à la fente postérieure de la boîte, sans quoi la platine ne pourrait pas être poussée en avant pour bander le ressort à boudin.

Pousse-cartouche et percuteur.

Le pousse-cartouche se compose de deux pièces P et Q, placées de part et d'autre de l'entretoise G. Elles sont percées suivant l'axe pour recevoir le percuteur R; elles se vissent l'une à l'autre. La pièce P est composée de deux cylindres de diamètres différents : l'un, formant embase, est placé dans la chambre F de la culasse mobile, l'autre traverse l'entretoise G qui lui sert de guide, et se prolonge par un taraudage qui se visse dans la pièce Q. La pièce Q se compose d'un cylindre portant un appendice qui entre et peut glisser dans la fente M de la culasse mobile.

Le percuteur R est formé de deux tiges cylindriques séparées par une embase. Avant de réunir les pièces P et Q à travers l'entretoise G, il faut placer la longue tige du percuteur dans la pièce P, de manière que l'embase s'appuie sur la tranche de la partie filetée; mettre la pièce Q en place dans la culasse mobile, en engageant son appendice dans la fente M, et visser ensuite la pièce P dans la pièce Q au moyen d'une clef à ergot. Les pièces P et Q ont chacune une échancrure qui donne passage à la tête d'une vis placée à la partie antérieure de la culasse mobile et dirigée perpendiculairement à l'axe. Cette vis se prolonge par une partie légèrement conique qui passe à travers les échancrures pour faire arrêt au mouvement de l'embase du percuteur. Lorsque le pousse-cartouche se porte en avant, le percuteur ne le suit pas dans son mouvement et cesse de dépasser le plan antérieur du pousse-cartouche qui ferme le fond du canon. Cette disposition est destinée à empêcher toute action prématurée du percuteur.

Platine.

La platine est, à l'extérieur, un cylindre qui présente des entailles, des échancrures, et qui est surmonté d'une tête.

A l'intérieur sont deux cylindres longitudinaux séparés par une entretoise. A la partie supérieure, se trouve une ouverture rectangulaire destinée à recevoir la queue du ressort de platine, et deux plans étagés pour servir d'appui au corps du ressort. A la partie inférieure, une entaille longitudinale régnant dans toute la longueur du cylindre antérieur se prolonge par une échancrure dans le cylindre postérieur; cette entaille a pour but de recevoir la tête du ressort de détente qui empêche la platine de tourner autour de son axe, et de participer aux mouvements de rotation que prend la culasse mobile quand on ouvre ou ferme le tonnerre.

Le ressort de platine est formé d'une lame d'acier courbée, qui devient droite quand on la bande en l'appuyant sur les deux plans étagés de la platine. L'extérieur de la platine prend alors une forme cylindrique qui permet de l'introduire dans la culasse mobile. Le ressort porte deux épaulements de hauteur différente; l'épaulement antérieur empêche la platine de sortir de son logement, le second est destiné à maintenir au bandé le ressort à boudin.

La platine contient :

1° La *tige;*
2° Le *ressort à boudin;*
3° La *gâchette.*

La tige porte, à sa partie antérieure, une embase qui sert de guide dans la platine en même temps que de point d'appui au ressort à boudin; elle est précédée d'une tête cylindrique, qui va frapper la partie postérieure du percuteur pour déterminer la mise du feu. Cette tige est filetée à sa partie postérieure.

La gâchette porte un écrou pour recevoir le taraudage de la tige.

Le ressort à boudin se place autour de la tige et prend appui d'une part sur l'embase de la tige, et d'autre part sur l'entretoise de platine.

Pour monter la platine, on place la tige dans le ressort, on les introduit dans la platine, on fait entrer la gâchette du côté opposé, puis on visse la tige dans la gâchette au moyen d'une clef à ergot. Le ressort à boudin, ainsi mis en place, a déja un commencement de bandé.

Manœuvre du mécanisme.

Fermer le tonnerre. — Faire glisser la culasse mobile dans la boîte, d'arrière en avant, en poussant la poignée qu'on tient inclinée à gauche, et, quand il est arrivé à la fin du mouvement, fermer le canon en faisant tourner la culasse d'un sixième de tour sur son axe. L'embase de la poignée doit appuyer à droite sur la boite.

Les filets interrompus qui sont en saillie sur la culasse mobile pénètrent entre des filets semblables qui forment écrou dans la boîte.

La résistance à l'action des gaz s'opère symétriquement autour de l'axe.

Ouvrir le tonnerre. — Faire tourner la culasse mobile de droite à gauche autour de son axe, en agissant sur la poignée jusqu'à ce que son embase appuie à gauche sur la boite. Ramener la poignée en arrière, toujours inclinée à gauche jusqu'au bout de sa course.

Charger l'arme et la fermer. — Introduire la cartouche, la balle en avant, par l'échancrure de la boite et la mettre en place dans la chambre, en la poussant avec le pouce, ou bien la poser seulement dans la boîte, pour qu'elle soit poussée dans la chambre par le mouvement en avant qu'il faut imprimer à la culasse mobile avant de fermer le tonnerre.

Armer et faire feu. — Le fusil chargé et fermé n'est pas armé. Pour armer, pousser en avant la tête de platine pour la faire entrer dans la fente de la boîte, jusqu'à ce que le ressort de platine soit au cran du bandé. Le mouvement ne peut s'exécuter que si le tonnerre est complétement fermé, et le soldat arme sans courir aucun risque de faire partir son arme, puisqu'il ne touche pas à la détente.

Désarmer. — Appuyer sur la tête du ressort de platine pour faire échapper le cran du bandé. La platine revient en arrière.

Ouvrir l'arme, le coup supposé parti. Emploi du pousse-cartouche. — La cartouche forme deux cylindres raccordés par un tronc de cône. Le cylindre de plus grand diamètre se loge dans la culasse mobile, tandis que l'autre cylindre, beaucoup plus long, est reçu dans la chambre du canon. Le coup parti, l'action des gaz qui a chassé la balle accroît le diamètre du cylindre placé dans la culasse mobile, et l'évasement du cuivre le fait pénétrer dans la petite gorge pratiquée autour de son logement.

Pour ouvrir le tonnerre, appuyer sur la tête du ressort de platine, tirer la platine en arrière et frapper sur la poignée de droite à gauche, jusqu'à ce que l'embase de la poignée appuie sur le côté gauche de la boîte; donner alors un coup sec d'avant en arrière, avec la paume de la main, sur la poignée, en accompagnant la poignée jusqu'à ce qu'il se produise un choc au point d'arrêt de la culasse mobile.

Deux effets sont obtenus ; l'enveloppe de la cartouche accompagne la culasse mobile dans son mouvement d'avant en arrière, et le choc d'arrêt de la culasse mobile met en action le pousse-cartouche. Son appendice frappe la tête du ressort de détente, pousse en avant les pièces Q et P, puis fait tomber la cartouche dans la boîte d'où le soldat l'expulse, soit avec le doigt, soit en tournant l'arme de droite à gauche.

Obturation. — L'obturation s'obtient par la cartouche.

Inflammation. — Le feu est mis à la cartouche par le choc d'un percuteur cylindrique de 3mm,5 de diamètre, qui dépasse la tranche de culasse seulement de 1mm,2, et qui est ramené à hauteur de la tranche de culasse au moment où le pousse-cartouche entre en action. Le percuteur ne peut jamais être en saillie quand le soldat ferme le tonnere. L'amorce fulminante, placée à l'arrière et dans l'axe de la cartouche qui est très-solide, se trouve à l'abri de tout accident dans les marches.

Marcher, l'arme non chargée. — Pour porter en marche l'arme non chargée, fermer le tonnerre, et, pour empêcher qu'il puisse se rouvrir, appuyer fortement sur la détente en poussant la platine en avant, de manière à engager sa tête dans la fente de la boîte. L'arme ne peut plus s'ouvrir et le ressort à boudin n'est pas bandé.

Marcher, avec l'arme chargée. — Après avoir introduit la cartouche, agir comme il vient d'être dit.

Le fusil ne peut pas partir, quel que soit l'effort exercé sur la détente.

Pour armer de nouveau le fusil, appuyer sur la tête du ressort de platine et tirer la platine en arrière pour la ramener à sa position ordinaire.

Ratés. — S'il arrive que la cartouche ne parte pas du premier coup, appuyer sur la tête du ressort de détente et tirer la platine en arrière, puis la pousser immédiatement en avant pour armer. Une cartouche qui ne part pas au premier coup partira parfois au second ou même au troisième.

Lorsque la cartouche ne prend pas feu, il faut ouvrir le tonnerre et la faire tomber, en frappant à terre deux ou trois petits coups de la crosse ou, mieux encore, en se servant de la baguette.

Difficulté pour fermer le tonnerre. — Il peut se présenter quelque difficulté pour fermer le tonnerre, si les filets de la boîte sont obstrués par du papier, de l'encrassement ou de la poussière. Dans ce cas, rouvrir la culasse mobile, visiter la partie inférieure des filets de la boîte et enlever les résidus, soit avec le doigt, soit avec le petit crochet.

Retirer une cartouche crevée. — Si une enveloppe de cartouche se brise, il faut se servir du petit crochet pour retirer le carton resté dans le canon, après avoir enlevé la culasse mobile.

Si le culot reste dans la culasse mobile, on essaye de le retirer avec le même crochet ou en faisant jouer le pousse-cartouche, après avoir isolé la culasse mobile.

Démontage, remontage et nettoyage de l'arme.

1° *Retirer la culasse mobile.* — Appuyer fortement le doigt sur la détente, et tirer en arrière la culasse mobile, en ayant soin de faire passer l'embase de la poignée par la fente de la boîte.

La baguette et un chiffon suffisent au nettoyage du canon, en les introduisant alternativement par la bouche et par le tonnerre. On peut ainsi laver le canon sans le démonter.

Le maître armurier devra seul démonter le canon et nettoyer de temps en temps la partie encastrée dans le bois.

2° *Retirer la platine de la culasse mobile.* — Appuyer la lame du porte-vis sur la gâchette, et la tirer en arrière jusqu'à ce qu'elle puisse prendre appui sur la tranche arrière de la culasse mobile. Faire tourner la platine jusqu'à ce que l'épaulement le plus élevé du ressort de platine ne soit plus en face du cran qui le maintenait dans la culasse : la platine sort alors d'elle-même.

Démonter le pousse-cartouche. (A faire par le maître armurier.) — Cette opération ne doit se faire que très-rarement.

Oter la vis de côté de la culasse mobile à l'aide d'un tournevis, dévisser à l'aide d'une clef à ergot la pièce d'avant P du pousse-cartouche. Les deux pièces P, Q et le percuteur sont alors séparés.

Démonter la platine. (A faire par le maître armurier.) — Retirer le ressort de platine en faisant sortir sa queue de l'encastrement. Se servir d'une clef à ergot pour dévisser la tige de la platine, la séparer de la gâchette et rendre libre le ressort à boudin.

Nécessaire d'armes. — Il ne comprend qu'un morceau d'acier ayant quatre branches en forme de croix. Il est percé à son centre d'une ouverture carrée qui peut servir à dévisser la vis du ressort de détente. Néanmoins cette opération ne doit pas être faite par le soldat. Les deux extrémités d'une des branches portent chacune une clef à ergot, l'une pour le pousse-cartouche, l'autre pour la tige de platine. Un tournevis est placé à chacune des extrémités de la seconde branche.

Munitions.

Les munitions comprennent deux cartouches, l'une à l'usage de l'infanterie, l'autre à l'usage des chasseurs. Elles ne diffèrent que par la longueur et le poids de la balle.

La cartouche comprend un culot en cuivre et une douille en carton embouti. Le culot en cuivre est formé d'un fond plat et de deux cylindres réunis par un tronc de cône. La douille en carton prolonge le petit cylindre. Le tronc de cône prend appui dans le tonnerre quand la cartouche est à sa position de chargement et facilite la mise de feu. Le percuteur agit dans la direction de l'axe de la cartouche, et produit le choc d'une enclumette sur le fulminate d'une capsule, sans que les gaz sortent ailleurs que par la partie antérieure de la cartouche. La cartouche renferme, outre l'amorce :

1° Cinq cylindres de poudre comprimée pesant chacun 1 gramme;

2° Un cylindre de graisse;

3° Une balle.

La balle d'infanterie, pesant 21 grammes, a 21 millimètres de longueur.

La balle des chasseurs, pesant 25 grammes, a 30 millimètres de longueur. Cette dernière a une fraisure que l'on remplit de graisse; cette fraisure a 6 millimètres de profondeur et 4 millimètres de diamètre à l'arrière et suivant son axe.

Ces balles sont fortement reliées à la cartouche au moyen d'une gorge pratiquée à leur partie postérieure.

Expériences de tir.

Il sera donné 500 cartouches pour chaque fusil, 250 de chaque modèle.

La Commission règlera le nombre des cartouches à tirer à chaque distance, en réservant ce qui est nécessaire pour les feux d'ensemble, manœuvres, etc.

Un fusil qui donnerait des ratés avec plusieurs cartouches de suite recevrait un nouveau ressort à boudin.

Paris.—Imprimerie de Gauthier-Villars, successeur de Mallet-Bachelier, rue de Seine-Saint-Germain, 10, près l'Institut.

l Fare.

Fusil Favé.

Coupe longitudinale.

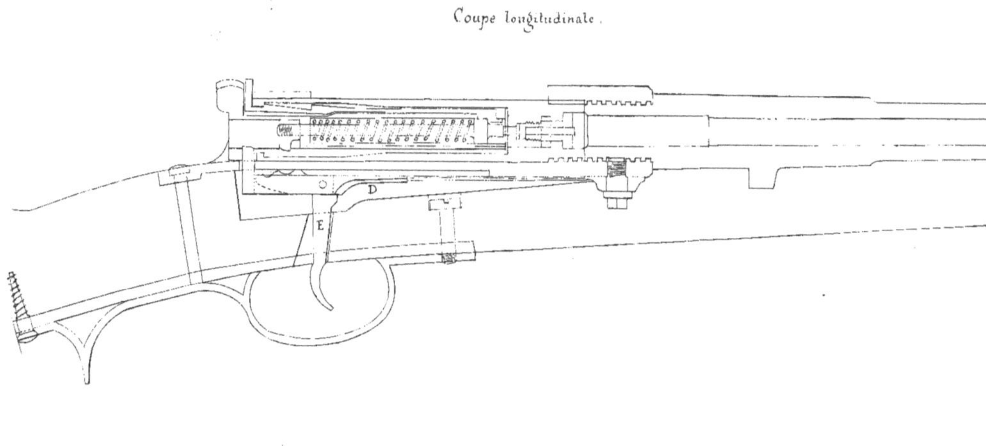

pé.

oite

Vue d'avant.

Fusil Favé.

Boîte

Élévation

1 2 3 4

Vue d'arrière

Vue d'avant.

Vue en dessus.

Coupe 1.

Coupe 2.

Vue en dessous

Coupe 3

Coupe 4.

Coupe longitudinale

C B A

(a) (b)

Fusil Favé,

Culasse mobile.

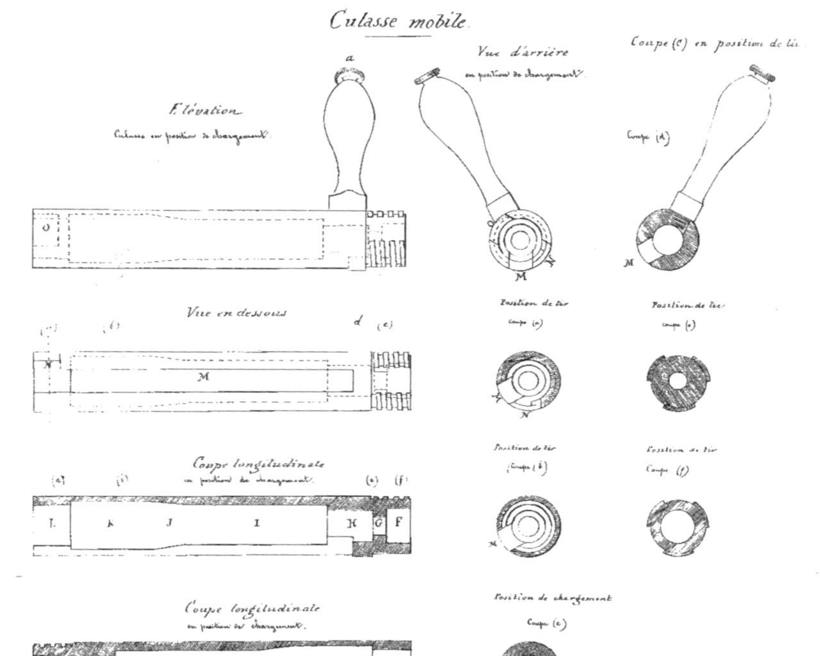

Favé.

Fusil Favé.

Platine.

Coupe longitudinale. Vue d'avant. Coupe 1.

1 2 3 4 5

Vue en dessus. Coupe 2. Coupe 3.

Vue en dessous. Coupe 4. Coupe 5.

PARIS. — IMPRIMERIE DE GAUTHIER-VILLARS,
Rue de Seine-Saint-Germain, 10, près l'Institut

www.ingramcontent.com/pod-product-compliance
Lightning Source LLC
LaVergne TN
LVHW020303230826
846091LV00006B/2501

9782329596471